AF382879

SCHWIERIGE PERSÖNLICHKEITEN

Tipps für den Umgang mit schwierigen Kollegen

Verfasst von Hélène Nguyen Gateff
In Zusammenarbeit mit Céline Faidherbe
Übersetzt von Julia Buchrieser

Für die Arbeitswelt 50MINUTEN.de

SCHWIERIGE PERSÖNLICHKEITEN

- **Ziel:** Im Arbeitsleben kommt es immer wieder zu Spannungen und Konflikten. Dieses Booklet soll zeigen, wie man schwierigen Persönlichkeiten begegnen und die Beziehung zu ihnen verbessern kann.
- **Anwendung:** Wenn sich der Vorgesetzte beispielsweise wie ein Diktator verhält, ein Mitarbeiter die Stimmung am Arbeitsplatz verdirbt, ein Kollege Ihnen von seinem Ärger berichtet etc., ist es hilfreich, die Situation analysieren und konstruktiv reagieren zu können.
- **Arbeitskontext:** zwischenmenschliche Beziehungen im Beruf
- **FAQ:**
  - Warum entstehen Konflikte?
  - Sind Konflikte unvermeidbar?
  - Muss man Zugeständnisse machen?
  - Bringt es etwas, bei der Arbeit wütend zu werden?

- <u>Warum hängt das Verhalten von Menschen oft davon ab, ob sie in der Gruppe oder zu zweit sind?</u>
- <u>Warum gibt es in Geschäftsbeziehungen Höhen und Tiefen?</u>
- <u>Wie kommt es, dass man immer mit schwierigen Kollegen zu tun hat?</u>
- <u>Warum versteht man sich oft nicht mit seinen Vorgesetzten?</u>
- <u>Kann man Menschen ändern?</u>

EINLEITUNG

Menschliche Beziehungen sind keine einfache Sache und man begegnet täglich Persönlichkeiten, mit denen man sich nicht gut versteht. Leider kann man sich seine Geschäftsbeziehungen nicht aussuchen; nicht einmal dann, wenn man viel Zeit mit den Arbeitskollegen verbringt.

Zu manchen Menschen ist die Beziehung von Natur aus entspannt, harmonisch und konstruktiv. Sie verlangt dann keinen besonderen Aufwand. Im Gegensatz dazu erfordert die Beziehung zu schwierigeren Persönlichkeiten mehr Arbeit. Diesen notwendigen Aufwand zu akzeptieren ist bereits der erste wichtige Schritt. Aber warum soll man Zeit und Energie in eine solche Beziehung stecken, wo doch die andere Person das Problem darstellt? Auf diese legitime Frage kann mit Gandhis Grundsatz geantwortet werden: „Sei du selbst die Veränderung, die du dir wünscht für diese Welt." Derjenige, der sich die Veränderung wünscht, muss diese auch bewirken und das gilt auch am Arbeitsplatz! Wenn Sie eine oder mehrere schwierige Beziehungen zum Besseren verändern wollen, sollten Sie die Dinge selbst in die Hand nehmen und alles in die Wege leiten, was zum Gelingen dieses Vorhabens notwendig ist.

Die drei im Folgenden beschriebenen Schritte werden Ihnen dabei helfen, klarer zu sehen, Abstand zu nehmen und besser zu handeln.

SCHWIERIGE PERSÖNLICHKEITEN: DIE GRUNDLAGEN

ERSTER SCHRITT: WISSEN, MIT WEM MAN ES ZU TUN HAT

Wie lässt sich feststellen, dass jemand einen schwierigen Charakter hat? Es lässt sich nicht immer eine klare Grenze zwischen der Tendenz zu leichter Reizbarkeit und einer Verhaltensstörung bzw. zwischen einem manchmal launischen Menschen und einer Person mit diagnostizierter psychischer Störung zu ziehen.

Um dies zu vereinfachen, könnte man sich auf den französischen Psychiater und Psychotherapeuten Christophe André (geboren 1956) berufen, dem zufolge sich eine schwierige Persönlichkeit durch bestimmte, zu stark ausgeprägte Charakterzüge charakterisieren lässt, die der Person selbst und anderen schaden. Wenn sich jemand in Ihrem Arbeitsumfeld systematisch und dauerhaft nicht wie die anderen zu verhalten scheint und dies negative Auswirkungen auf Effizienz und Wohlbefinden der Kollegen am Arbeitsplatz hat, ist es sehr wahrscheinlich, dass Sie es hierbei mit einer schwierigen Persönlichkeit zu tun haben.

Sich zu empören und zu ärgern ist daher vielleicht eine legitime und notwendige Reaktion, wird aber nicht zur Lösung der Situation führen. Stattdessen sollten Sie das Verhalten der jeweiligen Person analysieren. Wenn Sie verstehen, wie Ihre Mitmenschen ticken, werden Sie sich der Vielfalt an möglichen Reaktionen bewusst werden und Ihre Kollegen so akzeptieren, wie sie eben sind. Die vorherige Analyse ist notwendig, um dafür eine effiziente Strategie zu entwickeln.

Mit den folgenden sechs Typen schwieriger Persönlichkeiten können Sie in der Arbeitswelt konfrontiert werden:

- Der **Ängstliche** ist Opfer einer grundlosen Angst. Diese Menschen gehen immer vom Schlimmsten aus und sagen Katastrophen voraus, bevor diese überhaupt passieren. Sie sind sehr pessimistisch. Der Ängstliche kann sich nie entspannen, weder physisch noch emotional. Wenn er Teamleiter ist, will er immer die Oberhand haben und delegieren. Wenn er in der Position eines Mitarbeiters ist, bittet er ständig um Ihre Zustimmung. Selbstständigkeit ist sein Schwachpunkt. Wenn er auch nur das geringste Risiko eingehen muss, treibt es ihm bereits die Schweißperlen auf die Stirn. In bestimmten Fällen beweist er auch eine zweifelhafte Großzügigkeit, indem er seine Ängste mit dem gesamten Team teilt.

- Mit einem **misstrauischen** Typ Mensch zusammenzuarbeiten, vor allem wenn er auch noch paranoide Tendenzen zu haben scheint, ist häufig ziemlich unangenehm. Er ist argwöhnisch und kann niemandem vertrauen. Er bleibt stets auf Distanz und hinterfragt die Menschen in seinem Umfeld. Zudem stürzt er sich auf alles, womit er seinen Argwohn weiter nähren kann. Sie sollten beachten, dass er die Realität anders sieht als Sie und sich schnell hintergangen fühlt: Sie haben seinem Kunden am Empfang die Hand geschüttelt? Das haben Sie bestimmt gemacht, weil Sie ihn ihm wegnehmen wollen! Alles, was Sie sagen oder tun, wird gegen Sie verwendet werden.

- Der **Schmierenkomödiant** will immer im Mittelpunkt stehen und braucht besonders viel Aufmerksamkeit. Dieser Persönlichkeitstyp ist überemotional, launisch und handelt ungern außerhalb der emotionalen Ebene. Leider sind Geschäftsbeziehungen technisch und vertraglich geregelt. Mäßigung im Hinblick auf zwischenmenschliche Beziehungen gehört aber leider nicht zu seinen Stärken.

- „Das Beste ist der Feind des Guten" – das hat der **Perfektionist** zu Ihrem Nachteil noch nicht verstanden. Sein Perfektionismus besteht darin, ein nicht vorhandenes bzw. ein unmögliches Ziel zu erreichen. Der Perfektionist macht seine Arbeit mit übertriebener Genauigkeit und will beispielsweise auch an bereits abgeschlossen Aufgaben oder Arbeiten noch etwas verbessern. Er ist besessen von der Angst vor einer Niederlage, was ihn daran hindert, zu Erfolgen zu kommen oder Arbeiten abzuschließen. Dieser Typ Mensch zweifelt ständig an sich selbst, will immer weiter Nachforschungen anstellen und tut sich schwer mit Entscheidungen. In der Arbeitswelt schließt sich der Perfektionist oft dem misstrauischen Typen an.

- Der **Narzisst** hat ein schwerwiegendes Problem: Er ist davon überzeugt, etwas Besonderes und den anderen überlegen zu sein. Anders gesagt ist er der Meinung, dass er sich alles erlauben kann und er Ihnen nichts schuldet. Wenn Sie versuchen, dem entgegenzuwirken, wecken Sie bei diesem Typ Mensch nur Verwunderung. Er kann nicht verstehen, warum Sie plötzlich unzufrieden sind und Ihr Verhalten geändert haben. Stattdessen besteht er auf seine vermeintlichen Privilegien und duldet keinen Widerspruch.
- Man kann diese Aufzählung nicht abschließen, ohne den **Faulen** zu erwähnen. Ob ihn eine tiefe Angst daran hindert zu handeln oder er ganz egoistisch seine Energie sparen will – das Ergebnis ist dasselbe: Sie müssen die Arbeit machen, die er nicht machen kann oder will. Schon beim kleinsten Wehwehchen hört er auf zu arbeiten. Für die einfachste Arbeit braucht er einen ganzen Tag und hat immer Besseres zu tun, als seinem Team zur Seite zu stehen. Dieser Typ Mensch verspricht meist viel, ohne es zu halten, ist dreist und hält sich nicht an ausgemachte Fristen, was alles zu Lasten seiner Kollegen und Gesprächspartner geht.

Haben Sie in diesen Beschreibungen den ein oder anderen besonders anstrengenden Kollegen wiedererkannt? Diese Porträts sind Karikaturen – in Wirklichkeit begegnen wir oft Menschen, die mehrere dieser Charakterzüge in unterschiedlicher Stärke in sich vereinen. Ihre Assistentin ist eine perfektionistische Diva? Ihr Sekretär ein misstrauischer Schmierenkomödiant? Nun haben Sie endlich Worte für deren Verhalten. Auch den ein oder anderen Ihrer Charakterzüge werden Sie in diesen Porträts wiedererkennen.

Gerade in den letzten zehn Jahren wird in den Medien, von Unternehmensberatern und Psychologen verstärkt von der narzisstischen Persönlichkeitsstörung gesprochen. Sie stellt quasi den Inbegriff der schwierigen Persönlichkeit dar. Der Umgang mit Menschen, die darunter leiden, ist sehr schwierig, da sie systematisch gegen ihre „Opfer" arbeiten. Laut Schätzungen trifft dieses Profil glücklicherweise nur auf 2 bis 3 % der Bevölkerung zu.

ZWEITER SCHRITT: EINE GEEIGNETE STRATEGIE ANWENDEN

Im Folgenden werden nun zwei Strategien zur Verbesserung der zwischenmenschlichen Beziehungen am Arbeitsplatz vorgestellt. Die erste ist auf alle Charaktertypen anwendbar und die zweite beinhaltet spezifische Vorschläge für den Umgang mit den oben genannten Typen.

Drei universal umsetzbare Ratschläge

Unabhängig vom Gesprächstyp ist der erste wichtige Punkt **erwachsenes Verhalten**. Die Transaktionsanalyse (TA) gibt darüber näheren Aufschluss. Sie wurde vom US-amerikanischen Psychiater Eric Berne (1910-1970) Ende der 1950er Jahre entwickelt und zunächst zu psychotherapeutischen Zwecken verwendet. Im Laufe der Zeit wurde sie jedoch zu einem Instrument für die Analyse und das Management von Geschäftsbeziehungen.

Laut der TA bringt jeder Mensch in seinen Beziehungen einen der drei „Ich-Zustände" ins Spiel: Eltern-Ich, Kindheits-Ich und Erwachsenen-Ich. Es gibt drei Kindheitstypen

und zwei Elterntypen. Je nach Alter sind diese
Zustände mehr oder weniger ausgeprägt.

Ich-Zustände

Kindheits-Ich	Emotionen, Impulse, Empfindungen und Kreativität
Angepasstes, fügsames Kind	Es akzeptiert Regeln. Im Übermaß kann es aber zur Selbstverleugnung führen.
Rebellisch angepasstes Kind	Es ist in der Opposition. Das kann gerechtfertigt sein, aber im Übermaß zu aggressivem Verhalten führen.
Freies Kind	Es befriedigt seine Bedürfnisse und drückt seine Emotionen spontan aus.
Erwachsenen-Ich	Beobachtung, Infragestellung, Überlegung, Bewertung, Rückschlüsse, Information
Eltern-Ich	Regeln, Prinzipien, Urteile
Fürsorgliches Eltern-Ich	Es ermutigt seine Gesprächspartner freundlich, kann sie aber mit seinem übermäßigen Bedürfnis zu beschützen ersticken.
Kritisches Eltern-Ich	Es legt Richtlinien und Regeln fest. Bei einem Übermaß kann es den anderen unterdrücken.

Vereinfachend lässt sich sagen, dass Menschen, die sich erwachsen verhalten, schwierige Beziehungen leichter aufbauen bzw. verbessern können. Sich wie ein Erwachsener zu verhalten bedeutet zwischen Ereignissen, Gefühlen und Meinungen unterscheiden zu können und sich in Gesprächen auf Tatsachen zu stützen.

Beispiel

Ereignisse (Erwachsener)	„Du hast mich beim Mail-Verkehr mit unserem gemeinsamen Kunden nicht in Cc gesetzt. Ich bin daher nicht auf dem Laufenden über die Summe der letzten Transaktion. Das ist aber wichtig, damit ich die genauen Umsätze berechnen kann."
Gefühle (Kind)	„Es verletzt mich, dass du mich beim Mail-Verkehr mit unserem gemeinsamen Kunden nicht in Cc gesetzt hast. Du behandelst mich immer wie das fünfte Rad am Wagen, ich bin nie auf dem Laufenden."
Meinungen (Eltern)	„Es ist nicht normal, dass du mich beim Mail-Verkehr mit unserem gemeinsamen Kunden nicht in Cc gesetzt hast. Es ist inakzeptabel, dass wir uns nicht gegenseitig auf dem Laufenden halten. Das ist gegen die Regeln."

Anhand der TA wird deutlich, dass je nach aktivem Ich-Zustand verschiedene Beziehungskonstellationen entstehen können. Wenn Sie sich als Erwachsener positionieren, können Sie Ihrem Gegenüber dabei helfen, seine Haltung zu verändern. Haben Sie es beispielsweise mit einem Kindheits-Ich zu tun, riskieren Sie mit einem Erwachsenen-Ich gegebenenfalls, dass es sich Ihr Gesprächspartner in seiner Position bequem macht. Allerdings kann Ihre Fähigkeit, Dialoge als Erwachsenen-Ich zu führen, ihn dazu bringen, das Gespräch ebenfalls auf dieser Ebene zu beginnen.

Der zweite wichtige Punkt ist die **Fähigkeit zur Abstandnahme**. Dafür sind die Mechanismen der Neuro-Linguistischen Programmierung notwendig.

ZUSATZINFORMATION: NEURO-LINGUISTISCHE PROGRAMMIERUNG

- Die Neuro-Linguistische Programmierung (NLP) wurde in den 1970er Jahren in den USA vom Psychologen Richard Bandler (geboren 1950) und dem Linguisten John Grinder (geboren 1940) entwickelt. Sie wurde zunächst in der Psychotherapie verwendet, bald darauf aber auch im Management eingeführt.

Unter den Techniken der NLP befindet sich auch die Dissoziation, mithilfe derer eine Situation aus einem anderen Blickwinkel gesehen werden kann. Anstatt sich als Akteur in der Beziehung zu Ihrem schwierigen Kollegen zu sehen, nehmen Sie die Position eines außenstehenden Beobachters ein, als ob Sie einen Film sehen würden. Die Beobachtung und Analyse Ihrer Beziehung und nicht nur des Verhaltens Ihres Gesprächspartners ermöglicht es Ihnen, besser abzuschätzen, wie Sie vorgehen können.

Außerdem kann die Person durch dieses Vorgehen in einem breiteren Kontext positioniert werden. Denn oft ist der Platz, den Sie der Person zugewiesen haben, nicht der, den sie in der Gruppendynamik oder im Unternehmen in Wirklichkeit einnimmt. Wenn Sie beispielsweise Ihr Team von außen betrachten, werden Sie zweifellos merken, dass es gut funktioniert und dass die Schwierigkeiten, die eines der Mitglieder verursacht, insgesamt kaum ins Gewicht fallen.

Der dritte wichtige Punkt, der eingehalten werden sollte, ist eine **offene und positive Kommunikation** ohne Spott und Ironie. Wie auch immer Ihr Gesprächspartner sein mag, sich lustig zu machen oder ironisch zu zeigen wird niemals zu etwas Konstruktivem führen. Selbst wenn Ihr Kollege die Stimmung verdirbt, was bringt es Ihnen, ihn niederzumachen, indem Sie sich über ihn lustig machen?

Im Gegenteil können Sie einiges gewinnen, wenn Sie versuchen, offen und positiv zu kommunizieren. Es ist immer von Vorteil, die Leistungen des Gegenübers zu betonen, übereinstimmende Meinungen hervorzuheben und zu unterstreichen, was gut funktioniert. Haben Sie bemerkt, dass Menschen, die wirklich zufrieden mit dem sind, was sie machen, es nicht notwendig haben, aggressiv zu sein oder andere herabzusetzen? Schauen Sie sich in Ihrem Umfeld um, es ist ziemlich offensichtlich.

Die Techniken der Selbstbehauptung und der Gewaltfreien Kommunikation (GFK) können Ihnen von großem Nutzen sein. Die Idee dahinter ist, sich zu bemühen, Botschaften zu überbringen, ohne dass es dabei zu Aggressivität, Unterwerfung oder Flucht kommt. Konzentrieren Sie sich dafür auf die Tatsachen und den Inhalt der Botschaft, ohne den Gesprächspartner oder sich selbst abzuwerten. Es ist wichtig, dass Sie vorher genügend Abstand nehmen, um sich von den negativen Emotionen zu befreien, die Ihr Gesprächspartner im Laufe der Konflikte in Ihnen ausgelöst hat. Damit das möglich ist, müssen Sie davon überzeugt sein, dass Sie mit der Person einen konstruktiven Austausch führen können.

Es ist normal, dass Sie Ihren Ärger irgendwo abladen müssen, wenn Sie sich schlecht behandelt fühlen. Dafür gibt es zwei Lösungen:

- Kontaktieren Sie eine Person, der Sie vertrauen und mit der Sie reden und lachen können.
- Reduzieren Sie den Kontakt mit der schwierigen Person während eines kurzen Zeitraums auf ein Mindestmaß, um die angestauten Spannungen abzubauen. Der klassische Satz dafür ist: „Ich bin den ganzen Tag bei Meetings außer Haus." Verabreden Sie sich mit einer positiven Person zum Mittagessen, organisieren Sie einen Besuch bei einem angenehmen Kunden oder nehmen Sie sich einen Tag Urlaub.

> **TIPP**
>
> Schweigen Sie, anstatt auf negative Äußerungen oder nervige Bemerkungen einzugehen. Lassen Sie Ihr Gegenüber reden und vermeiden Sie es dadurch, in einen Teufelskreis zu gelangen. Sie werden bemerken, dass Sie dadurch an Energie gewinnen können.

Wenn Sie diese drei Grundregeln verinnerlicht haben, können Sie entsprechend dem Profil Ihres Gesprächspartners eine angemessene Strategie entwickeln.

Angepasste Strategien

Dem ängstlichen Typ Mensch gegenüber ist es wichtig, Sicherheit zu geben. Dies besteht manchmal darin, Informationen weiterzugeben, die Ihnen selbst unbedeutend erscheinen mögen. Wenn Sie beispielsweise Ihrem ängstlichen Vorgesetzten einen Bericht geben, können Sie ausdrücklich erwähnen, dass Sie die verwendeten Zahlen mehrmals geprüft haben, die Quellen angeben etc. Jede beruhigende Information kann seine Unsicherheit reduzieren, ihn entspannen und zur Verbesserung Ihrer Beziehung beitragen.

Berücksichtigen Sie außerdem die Tatsache, dass der ängstliche Typ keine Überraschungen mag. Schalten Sie also Probleme bereits aus, bevor er sie selbst entdeckt. Wenn es Fehler in den von Ihnen ausgearbeiteten Unterlagen für ein wichtiges Meeting gibt, sagen Sie es ihm vorher und betonen Sie, dass Sie dafür bereits eine Lösung gefunden haben – Sie haben den Fehler händisch korrigiert.

Allerdings müssen Sie aufpassen, dass der Ängstliche Sie nicht überfordert oder zu sehr vereinnahmt. Es gilt daher, Grenzen zu setzen.

Sie müssen entscheiden, was Sie machen können oder auch nicht, wenn Sie keine Zeit haben oder meinen, dass seine Anforderungen übertrieben sind. Erklären Sie ihm Ihre Gedankengänge außerdem auf klare und entschlossene Art und Weise: „Dank dieser oder jener Handlung können wir die Fehleranfälligkeit oder mögliche Unsicherheiten begrenzen oder ausschließen. Wir haben daher alles für das Gelingen des Projektes getan."

Dem misstrauischen Typ Mensch gegenüber sollten Sie Ihre Berechtigung und Ihren guten Willen demonstrieren. Dieser gibt sich nicht mit einer kompakten Übersicht zufrieden, er braucht eine Vielzahl an detaillierten, sachlichen Erklärungen.

Sie präsentieren eine Marktstudie? Passen Sie Ihren Diskurs daran an. Während methodologische Details die Gesprächspartner, die Ihnen vertrauen, langweilen werden, erleichtern sie dem Misstrauischen den Einstieg in das Thema und wirken seinem Argwohn entgegen.

Vergessen Sie dabei aber nicht, Codes, Regeln und Hierarchie zu respektieren. Sie wollen gleich mit dem Direktor sprechen, aus Gründen der Effizienz und um Zeit zu gewinnen? Wenn Ihr Chef zur Paranoia neigt, ist das ein großer Fehler, denn er wird sich verraten, übergangen oder bedroht fühlen. Folgen Sie der klassischen Hierarchie, selbst wenn Sie das Gefühl haben, dass Ihnen das Zeit kostet. Das wird Ihnen manches erleichtern.

Ein letzter wichtiger Punkt: Durch das Ausschließen eines chronisch misstrauischen Menschen wird er sich erst recht in seinem Misstrauen bestätigt fühlen. Es ist daher essenziell, den Dialog mit ihm aufrechtzuerhalten. Das wird Ihnen helfen, Missverständnisse und damit Konflikte zu vermeiden. Sie können Ihn bei E-Mails in Cc setzen, ihm Dokumente schicken etc. Diese kleinen Gesten tun Ihnen nicht weh und geben ihm das Gefühl, dabei zu sein und nicht an Ihrer Arbeit zweifeln zu müssen.

Wägen Sie Ihre Worte **gegenüber hyperemotionalen Personen** gut ab. Der Schmierenkomödiant will immer im Mittelpunkt stehen. Er hat ein immenses Bedürfnis nach Anerkennung. Es empfiehlt sich daher, seinem Ego in zu schmeicheln, wenn der Einsatz nicht so hoch ist. Sie werden daraus bestimmt einen gewissen Vorteil ziehen können. Ein Beispiel: Ihr Kollege ist mit sich selbst besonders zufrieden, weil er findet, dass sein Namensvorschlag für die neue Website der Beste ist. Er möchte ihn sogar dem Direktor präsentieren. Lassen Sie ihn also für seine Idee einstehen! Sie sollten sich jedoch nicht alles gefallen lassen, damit er Ihnen nicht den Platz streitig macht.

Ein weiterer wichtiger Punkt: Wählen Sie einen ruhigen Moment der emotionalen Stabilität, um diesem Persönlichkeitstyp ein positives Feedback zu geben. Diese Zeichen von Anerkennung können ihm dabei helfen, seine Worte und Urteile zu mäßigen, da er Probleme damit hat, ein Mittelmaß zwischen überschwänglichem Lob und Abwertung zu finden. Um sein Vertrauen zu gewinnen, sollten Sie daher das Gespräch mit ihm suchen, wenn Sie allein sind und er nicht vor anderen glänzen muss.

Seien Sie **dem Perfektionisten gegenüber** nachsichtig, aber entschlossen. Wie der ängstliche Typ Mensch hat auch der Perfektionist ein großes Bedürfnis nach Sicherheit und hasst unvorhergesehene Ereignisse. Sein Bedürfnis, alles anzuzweifeln und ständig nach der besten Lösung zu suchen, macht jede Entscheidungsfindung anstrengend. Sie müssen also die Auswirkungen seiner Entscheidungen positiv beleuchten: „Wir haben eine Entscheidung getroffen und wissen nun, wohin die Reise geht. Wir können daher alles daransetzen, ein Produkt bester Qualität zu liefern."

Versuchen Sie, alle ihm wichtigen Details einzubauen: Ihr Vorgesetzter verzeiht keine Rechtschreibfehler in Berichten? Lassen Sie sie vorher korrigieren! Ein Kollege besteht auf das perfekte Layout? Lassen Sie ihn das Dokument überprüfen. Wenn Sie wissen, dass es wichtig für die Person ist, verhelfen Ihnen diese kleinen Zugeständnisse zu etwas Ruhe – achten Sie aber darauf, dadurch nicht mit der Arbeit in Verzug zu geraten! Wenn Sie der Vorgesetzte einer zwanghaft perfektionistischen Person sind, machen Sie sich die Mühe, ihm oder ihr das Wie und Warum der Änderungen zu erklären. Das ist viel konstruktiver, als diese Person vor vollendete Tatsachen zu stellen. Sie braucht Zeit, um vorauszuplanen und sich entsprechend zu organisieren. Geben Sie ihr die Zeit, bleiben Sie aber bestimmt im Hinblick auf einzuhaltende Fristen.

Im Umgang mit einer narzisstischen Person empfiehlt es sich, sein Ego beiseite zu lassen, um Enttäuschungen zu vermeiden. Denn Zeichen der Anerkennung, die jeder benötigt, können in der Zusammenarbeit mit einem Narzissten nicht erwartet werden. Profitieren Sie stattdessen von seinen guten Seiten und suchen Sie sich die fehlende Unterstützung bei jemand anderem. Versuchen Sie, nicht darauf einzugehen, wenn er Sie niedermachen möchte. Wenn Sie nicht seiner Meinung sind, bringen Sie objektive Argumente (indem Sie sich auf schriftliche Dokumente stützen beispielsweise) und sprechen Sie in neutralem Tonfall ohne jegliche Gereiztheit. Wie beim hyperemotionalen Typ Mensch suchen Sie sich am besten auch hier einen Zeitpunkt aus, an dem die Person entspannt und gutgelaunt ist, um ihr Ihre Zustimmung (wenn Sie ehrlich gemeint ist) zu signalisieren; am besten unter vier Augen.

Sie müssen sich gleichzeitig gut organisiert und offensiv zeigen, wenn Sie es mit einer Person mit einer narzisstischen Persönlichkeitsstörung zu tun haben, die Ihnen wirklich nur Schlechtes will. Glauben Sie nicht, dass Sie einfach davonkommen, indem Sie den Manipulator manipulieren, denn er könnte Sie zerstören wollen. Es gibt drei Dinge, mithilfe derer Sie ihm die Stirn bieten können:

- Fertigen Sie eine Liste mit all seinen Äußerungen und ungerechtfertigten Handlungen an und erwähnen Sie alle Orte, Daten und Zeugen. Legen Sie sich eine Akte an, in der Sie alles Schriftliche sammeln, das als Beweis für seine Bosheiten dienen könnte.
- Umgeben Sie sich mit Personen, denen Sie vertrauen, und mit denen Sie sich austauschen können.

- Konsultieren Sie im Rahmen des Möglichen einen Betriebsarzt oder Psychologen und holen Sie sich dort nützliche Tipps.

Achtung! Nehmen Sie das schlechte Verhalten dieser Personen nicht auf die leichte Schulter. Das kann zu Depressionen führen und Ihrer Karriere schaden. Seien Sie sich aber auch darüber im Klaren, dass dieser Typ Mensch sehr selten ist und verurteilen Sie andere nicht zu schnell ...

Setzen Sie **im Umgang mit faulen Menschen** einen strikten Rahmen. Dieser Typ Mensch muss erst auf den richtigen Weg gebracht werden. Wenn er Ihr Untergebener ist, müssen Sie ihm genaue Ziele setzen und die Umsetzung häufig kontrollieren. Dies trägt dazu bei, seiner Gleichgültigkeit entgegenzuwirken und ihm zu zeigen, dass Faulheit nicht toleriert wird. Der Faule besitzt eine natürliche Tendenz zur Prokrastination, was nur durch einen präzisen Handlungsplan gestoppt werden kann. Es empfiehlt sich daher:

- der Verantwortungsebene der jeweiligen Person entsprechend eine schriftliche Liste mit zu erledigenden Aufgaben oder zu erreichenden Zielen anzufertigen

- genaue Fristen für die Ausführung von Aufgaben festzulegen
- den Faulen dazu zu bringen, den Handlungsplan zu unterstützen oder besser noch, ihn als dessen Verfasser zur präsentieren

Wenn der Faule in der Hierarchie über Ihnen steht, sollten Sie die Dinge vorsichtiger formulieren. Das Vorgehen ist dasselbe – Handlungen genau zu beschreiben und angemessene Fristen zu setzen –, aber drücken Sie es als „Vorschlag" oder „Anregung" aus. Geben Sie Ihrem Vorgesetzten nicht das Gefühl, ihm einen Handlungsplan auferlegen zu wollen. Bringen Sie Ihre Vorschläge und verdeutlichen Sie Ihrem Chef die Vorteile, die er daraus ziehen kann.

DRITTER SCHRITT: DIE ERGEBNISSE DER STRATEGIE AUSWERTEN

Sie haben nun gelernt, mit einer oder mehreren schwierigen Personen in Ihrem Umfeld umzugehen. Nun können Sie die konkreten Ergebnisse Ihrer Anstrengungen erfassen. Führen Sie dazu eine Art Tagebuch, in dem Sie Ereignisse sammeln, beispielsweise in einer Tabelle (eine pro schwierige Persönlichkeit). Im folgenden Beispiel sind Sie Vorgesetzter von X.

Tagebuch

Datum	Ereignis	Meine Antwort	Folge
10. Januar	X hatte während des Meetings einen Wutanfall: „Nicht nur, dass hier niemand seine Arbeit richtig macht, ihr vertraut mir auch nicht."	Keine Antwort in dem Moment. Einstündige Besprechung unter vier Augen am 13. Januar. Erklärungsversuche: „Warum glaubst du …?" und Rückversicherung: „Was können wir tun, um dir zu zeigen, dass wir dir vertrauen?"	Bis jetzt kein neuer Ausbruch, aber verschlossene und misstrauische Haltung.
25. Januar	X hat mir vorgeworfen, ihn nicht darüber informiert zu haben, dass am Ende des ersten Quartals alle Computer ersetzt werden.	Besprechung unter vier Augen am 28. Januar. Erklärung: „Ich habe auf die Bestätigung der IT-Abteilung gewartet."	Ohne Folgen
12. Februar	X hat mich viermal in zwei Tagen gebeten, das Werbebudget zu kontrollieren und es der Geschäftsleitung am 16. Februar vorzulegen.	Beim vierten Mal habe ich ihn darauf hingewiesen, dass wir diese Zahlen nicht erneut überprüfen werden.	X hat sich bei Kollegen beschwert, dass ich die Informationen vor der Vorlegung bei der Geschäftsleitung nicht richtig überprüft habe.

Die gleiche Art von Tagebuch können Sie führen, wenn der Gesprächspartner Ihr Vorgesetzter ist. Vermutlich wird eine solche Sammlung an Vorfällen Ihnen allerdings das Gefühl geben, pedantisch oder sogar manisch zu sein. Daher sollte dieses Vorgehen auf eine Dauer von drei oder vier Monaten beschränkt werden. Das reicht, um an repräsentatives Material zum Fehlverhalten der Person zu kommen.

Wie gehen Sie mit dieser Sammlung an Beispielen nun weiter vor? Sie können sie beispielsweise für das jährliche Mitarbeitergespräch benutzen oder entscheiden, dass Sie mit der betreffenden Person nicht mehr zusammenarbeiten können. In diesem Fall hängt alles von den Machtverhältnissen, der Unternehmenskultur, den Fähigkeiten des Kollegen und seinem Netzwerk ab.

Ab einem gewissen Spannungsniveau kann die Beziehung nicht mehr weitergeführt werden. Fragen Sie sich daher: Sind Sie bereit, sich weiter durch diesen Arbeitsalltag zu kämpfen? Wenn die Antwort ja lautet, versuchen Sie das schädliche Potenzial Ihres Gesprächspartners zu reduzieren. Wenn die Antwort nein ist, muss ein neues Kapitel in Ihrer oder der Karriere der schädlichen Person begonnen werden.

TOP TIPPS

- Konzentrieren Sie sich auf Ihre Aufgaben und deren Inhalt anstatt auf Beziehungen. Manche Menschen setzen Ihre Prioritäten so, dass Ihre Arbeitsqualität darunter leidet, weil sie zu viel in menschliche Beziehungen investieren. Sie machen Ihre Arbeit richtig und erhalten aussagekräftige Resultate? Das ist das Wichtigste. Es ist zweitrangig, ob Ihr Vorgesetzter oder Ihre Kollegen Ihnen die erhoffte Anerkennung zuteilwerden lassen.
- Versuchen Sie, konstruktives Verhalten an den Tag zu legen. Vermeiden Sie impulsives oder cholerisches Verhalten in einer komplizierten Beziehung, denn das führt nur zur Verhärtung der Fronten. Wenn Sie wirklich weiterkommen möchten, ist es unnötig, sich auf die gleiche Ebene zu begeben wie Ihr Gegenüber. Verhalten Sie sich wie ein Erwachsener, denn nur das wird Sie weiterbringen.
- Finden Sie Vertrauenspersonen. Die Neutralisierung schädlicher Personen ist eine schwere Aufgabe, die Sie nicht allein überneh-

men können. Es ist wichtig, dass Sie sich mit wohlwollenden Personen umgeben, mit denen Sie gemeinsam eine konstruktive Strategie entwickeln können. Im Fall von ernsten Problemen ist es unerlässlich, den Betriebsarzt oder einen Therapeuten zu konsultieren.

- Unterscheiden Sie zwischen Tatsachen, Empfindungen und Meinungen. Ob zur Analyse des Verhaltens und der Äußerungen einer schwierigen Person oder um ihr entgegenzuwirken – es ist wichtig, diese drei Kategorien zu unterscheiden, um zu wissen, wo man steht.
- Halten Sie sich nicht zu starr an Ihre Prinzipien. Es ist Ihnen zugutezuhalten, dass Sie Ihre Prinzipien und Werte verteidigen, ein solches Verhalten kann aber auch schnell zu einem extremen Erschöpfungszustand führen. Mäßigen Sie sich, indem Sie sich sagen, dass Ihre innere Ruhe das Wichtigste ist und vor allem das Ergebnis zählt. Es ist daher manchmal notwendig, Zugeständnisse zu machen.
- Sagen Sie sich, dass eine Veränderung der Situation möglich ist. Verzweifeln Sie nicht und bleiben Sie optimistisch, was die Zukunft betrifft. Mit dem Willen, die konfliktbehaftete Beziehung zu verbessern, werden Sie ganz au-

tomatisch zu einem Ergebnis kommen. Seien Sie dabei offen für positive Überraschungen, nehmen Sie jeden Fortschritt bewusst war, und wenn er noch so klein ist.

- Aber vergessen Sie nicht, dass sich nur wenige Menschen wirklich ändern. Sie sollten zwar optimistisch, nicht aber naiv oder idealistisch sein, da dies zu schmerzhafter Enttäuschung führen kann. Gehen Sie also davon aus, dass sich Menschen nicht ändern, weil Sie das wollen, sondern weil sie es selbst wollen. Selbst wenn Sie sie also nicht ändern, sollten Sie im Hinterkopf behalten, dass Sie dennoch zur Verbesserung der Beziehung zu einem schwierigen oder anstrengenden Menschen beitragen können.

FAQ

WARUM ENTSTEHEN KONFLIKTE?

Zu verstehen, warum Konflikte entstehen, ist äußerst lehrreich, da man so nicht nur sich selbst sondern auch seine Mitmenschen besser wahrnimmt. So bringen Konflikte die Menschen paradoxerweise durch den Ausdruck ihrer Bedürfnisse und den Respekt vor dem, was sie selbst sind, einander näher. Für den deutschen Soziologen Georg Simmel (1858-1918) ist der Konflikt eine Art der Sozialisation, denn man ist selbst im Konflikt miteinander verbunden. Aus diesem Grund sucht der Mensch auch nach Konfrontationen. Ein Kind mit gleichgültigen Eltern provoziert sie, um eine Reaktion auszulösen, selbst wenn diese negativ ist, da Gleichgültigkeit bedeutet, dass keine Beziehung besteht.

SIND KONFLIKTE UNVERMEIDBAR?

Wenn Sie sich die Weltlage anschauen und die Lage in Ihrem Land, Ihrem Viertel, Ihrer Familie, Ihrer Beziehung, erkennen Sie mit Sicherheit, dass kaum eine menschliche Gemeinschaft ohne Uneinigkeiten, Auseinandersetzungen oder Geschrei funktioniert. Die Frage, die sich dabei – und gerade im Hinblick auf schwierige Persönlichkeiten – stellt, ist daher: „Es gibt Konflikte, ich akzeptiere diesen Umstand – wie kann ich mit Konflikten umgehen?"

MUSS MAN ZUGESTÄNDNISSE MACHEN?

In vielen Fällen fällt Ihnen kein Zacken aus der Krone, wenn Sie ab und zu nachgeben – Sie riskieren höchstens, dass die Beziehung sich dadurch verbessert. Entscheiden Sie daher, was für Sie wichtig und was weniger wichtig ist und machen Sie Zugeständnisse in einem Punkt, der Ihnen unbedeutend(er) erscheint.

BRINGT ES ETWAS, BEI DER ARBEIT WÜTEND ZU WERDEN?

Geschäftsbeziehungen entsprechen vor allem den Tätigkeiten, die vertraglich geregelt sind. Protest und Stimmungsschwankungen stehen nicht auf der Liste Ihrer Ziele. Wenn sie sich häufen, können sie die Arbeitsatmosphäre schädigen und werden früher oder später auf Sie zurückfallen. Sie sollten daher Ausnahmen bleiben.

WARUM HÄNGT DAS VERHALTEN VON MENSCHEN OFT DAVON AB, OB SIE IN DER GRUPPE ODER ZU ZWEIT SIND?

So mancher manipulative Mensch verhält sich den Umständen entsprechend. Außerdem sind Beziehungen in der Gruppe oder zwischen zwei Menschen von Natur aus unterschiedlich. Jeder Mensch besitzt einen Überlebensinstinkt und ist sich daher auch bewusst, dass es beispielsweise bei Meetings mit dem Teamleiter von Vorteil sein kann, seinem Vorschlag zuzustimmen. Das, was Sie unter vier Augen ausgemacht haben, kann also infrage gestellt werden, wenn es in der Gruppe besprochen wird. Umgekehrt kann Ihr schwieriger Kollege einer Entscheidung in der Gruppe auch zustimmen und sie dann unter vier Augen mit Ihnen wieder hinterfragen. Berichte von Meetings sind im Hinblick darauf sehr wichtig. Verwenden Sie sie daher auch!

Und wenn Sie jemand mit narzisstischer Persönlichkeitsstörung in der Gruppe systematisch durch abfällige Bemerkungen abwertet, aber nett ist, wenn Sie mit ihm allein sind, denken Sie daran, dass dieses Verhalten nur ein Symptom seiner Persönlichkeit, seinem dringenden Bedürfnis zu glänzen und zu dominieren, ist. Wenn möglich sollten Sie davon keine Notiz nehmen oder sich ruhig durch die Darlegung von Tatsachen verteidigen.

WARUM GIBT ES IN GESCHÄFTSBEZIEHUNGEN HÖHEN UND TIEFEN?

Nicht nur Bipolare haben Stimmungsschwankungen. Haben Sie selbst nicht auch manchmal Momente, in denen Sie gereizt sind? Haben Sie nicht auch schon bemerkt, dass dieselben Worte etwas ganz anderes auslösen, abhängig davon, wie Sie geschlafen haben, wie der Verkehr war, wie das Wetter ist und ob es Ihrer Familie gut geht? Daher ist es wichtig, Spannungen zu relativieren und den Schweregrad mit etwas Abstand zu bewerten. Das heißt, dass Sie die Beziehung über einen längeren Zeitraum hinweg (ein bis drei Monate) analysieren sollten, anstatt alles von einem Tag abhängig zu machen, an dem es ausnahmsweise Probleme mit Ihrem Kollegen gegeben hat.

WIE KOMMT ES, DASS MAN IMMER MIT SCHWIERIGEN KOLLEGEN ZU TUN HAT?

Menschliche Beziehungen sind nie einfach und Sie verbringen viel Zeit bei der Arbeit. Es ist daher logisch, dass Sie viel mehr Auseinandersetzungen mit Ihren Kollegen als mit bestimmten Familienmitgliedern haben.

Eine andere Erklärung ist vielleicht Ihr Arbeitsumfeld. Manche Berufe verlangen eine starke Persönlichkeit, beispielsweise solche, die ein hohes Maß an Kreativität erfordern. Bestimmte Menschen sind dann der Meinung, dass sie dafür ein überdimensionales Ego zeigen müssen. Es kann auch sein, dass die Konkurrenz sehr hart ist, weswegen manche glauben, zum Überleben ein aggressives Verhalten an den Tag legen zu müssen. In diesem Kontext ist es an Ihnen, ernsthaft darüber nachzudenken, ob Sie den Weg in diesem Umfeld weitergehen können oder möchten.

Wenn Sie merken, dass Ihre Beziehungen konfliktbehaftet sind, sollten Sie sich außerdem Gedanken über Ihr eigenes Verhalten machen.

WARUM VERSTEHT MAN SICH OFT NICHT MIT SEINEN VORGESETZTEN?

Es ist möglich, dass Sie es durch einen unglücklichen Zufall immer wieder mit schwierigen Vorgesetzten zu tun haben. Es kann auch sein, dass es für Sie unerträglich ist, einen Chef zu haben. Hatten Sie autoritäre Eltern? Oder wollen Sie unabhängig sein und halten es daher nicht aus, dass ein Vorgesetzter Ihnen sagt, was wie zu tun ist? Hören Sie in sich selbst hinein, um den Ursprung der Konflikte zu erkennen. Wenn sich herausstellen sollte, dass Sie es nicht ertragen können, von jemandem Anweisungen zu erhalten, sollten Sie möglicherweise darüber nachdenken, sich selbstständig zu machen.

KANN MAN MENSCHEN ÄNDERN?

Sie können davon ausgehen, dass Sie Nervensägen nicht ändern werden. Nur weil das Verhalten Ihres Gesprächspartners für Sie untragbar ist, wird er sich nicht ändern. Sie können die Beziehung zu ihm aber durch eine ruhige und entschlossene Haltung verändern und so dafür sorgen, dass Sie keine weiteren unangenehmen Interaktionen erdulden müssen.

JETZT SIND SIE GEFRAGT!

Sie haben nun beschlossen, mit schwierigen Personen in Ihrem Umfeld auf überlegte und konstruktive Art und Weise umzugehen – Sie können jetzt mit den Vorbereitungen beginnen. Bevor Sie Ihren Plan in die Tat umsetzen, sollten Sie eine schnelle Übung machen:

- Identifizieren Sie zwei Personen an Ihrem Arbeitsplatz, zu denen Sie eine schwierige Beziehung haben.
- Notieren Sie Beispiele für Auseinandersetzungen, Probleme oder andere Ereignisse, die Sie in der Vorwoche belastet haben.
- Denken Sie über Ihre eigene Reaktion nach: Wut, Schweigen, Ärger, Traurigkeit ...
- Stellen Sie sich nun vor, wie Sie besser reagieren hätten können, ohne die Persönlichkeit der beiden Kollegen zu sehr zu analysieren.
- Atmen Sie nach der Übung mehrmals tief ein und aus.

Ihre Meinung ist uns wichtig!
Hinterlassen Sie doch einen Kommentar auf der
Seite unserer Online-Buchhandlung
und teilen Sie Ihre Favoriten in den sozialen
Netzwerken!

DARÜBER HINAUS

LITERATURVERZEICHNIS

- Febo, Alex: *Les 5 clés pour gérer les tensions et les conflits.* Dunod: Paris 2015.

- Fournier, Jean-Yves: *Désamorcer les conflits relationnels par l'analyse transactionnelle.* Eyrolles: Paris 2016.

- Gunchard, Roland: *Gestion des personnalités difficiles et dangereuses au travail.* Elsevier Masson: Paris 2013.

- Lelord, François; André, Christophe: *Comment gérer les personnalités difficiles.* Odile Jacob: Paris 2002.

- Pasini, Willy: *Les Casse-pieds.* Odile Jacob: Paris 2002.

WEITERFÜHRENDE LITERATUR

- Bandler, Richard: *Leitfaden zu persönlicher Veränderung: Die Geheimnisse schneller und bleibender Lebensveränderung mit NLP.* 2. Auflage. Bookmark NLP: Möhnesee: 2015.

- *Psychologie*: „Psycho? Logisch! So gehen Sie
  mit schwierigen Kollegen um". *Nachrichten.
  Wirtschaft. Verbraucher & Service. Spiegel.de.*
  (12.02.2012).
  https://www.spiegel.de/wirtschaft/service/
  psycho-logisch-so-gehen-sie-mit-schwierigen-
  kollegen-um-a-795871.html (20.04.2019).

- Rößler, Annette: „Tipps für den Umgang mit
  schwierigen Kollegen". *Kollege nervt. Teamarbeit.
  Fachartikel. Business-wissen.de.* (21.01.2019)
  https://www.business-wissen.de/artikel/
  kollege-nervt-tipps-fuer-den-umgang-mit-schwie-
  rigen-kollegen/ (20.04.2019).

- Warkentin, Nils: „Schwierige Kollegen: Typen
  und Tipps". *Job & Psychologie. Karrierebibel.at.*
  (15.01.2018).
  https://karrierebibel.de/schwierige-kollegen/
  (20.04.2019).

MEHR AUF 50MINUTEN.DE

- Bronckart, Véronique: *Gewaltfreie Kommunikation
  im Beruf. Methoden für die konstruktive
  Konfliktlösung und professionelle Zusammenarbeit.*
  Aus dem Französischen von Mareike Lobeck.
  Plurilingua Publishing: Brüssel 2019.

- Bronckart, Véronique: *Selbstbehauptung. Tipps
  für gelungene Kommunikation auf Augenhöhe.*
  Aus dem Französischen von Mareike Lobeck.
  Plurilingua Publishing: Brüssel 2019.

- Cailteux, Caroline: *Gruppenarbeit gewinnbringend einsetzen. Tipps für gelungenes Teamwork.* Aus dem Französischen von Leonie Kremer. Plurilingua Publishing: Brüssel 2019.

- Martin, Nicolas*: Resilienz entwickeln. Methoden zum Meistern von schwierigen Situationen.* Aus dem Französischen von Leonie Kremer. Plurilingua Publishing: Brüssel 2019.

SCHMÖKERN
SIE SICH SCHLAU!

www.50Minuten.de

Die präsentierten Inhalte werden vom Herausgeber überprüft, dennoch übernimmt dieser keine Haftung für die inhaltliche Richtigkeit, Vollständigkeit und Aktualität der vorgestellten Inhalte.

www.50Minuten.de

ISBN digitale Ausgabe: 9782808020206

ISBN gedruckte Ausgabe: 9782808020213

Pflichtexemplar: D/2019/12603/175

Cover: © Plurilingua

Digitale Aufbereitung: Primento, der digitale Partner der Herausgeber